国家人权行动计划

（2012—2015年）

实施评估报告

中华人民共和国国务院新闻办公室

人民出版社

图书在版编目(CIP)数据

国家人权行动计划(2012—2015年)实施评估报告/中华人民共和国国务院新闻
办公室 著. —北京:人民出版社,2016.6
ISBN 978 - 7 - 01 - 016408 - 3

Ⅰ.①国… Ⅱ.①中… Ⅲ.①人权-研究报告-中国-2012—2015 Ⅳ.①D621.5

中国版本图书馆 CIP 数据核字(2016)第 147773 号

国家人权行动计划(2012—2015 年)实施评估报告

GUOJIA RENQUAN XINGDONG JIHUA (2012—2015NIAN) SHISHI PINGGU BAOGAO

中华人民共和国国务院新闻办公室 著

人民出版社 出版发行

(100706 北京市东城区隆福寺街 99 号)

北京新华印刷有限公司印刷 新华书店经销

2016 年 6 月第 1 版 2016 年 6 月北京第 1 次印刷
开本:787 毫米×1092 毫米 1/16 印张:4.5
字数:36 千字

ISBN 978 - 7 - 01 - 016408 - 3 定价:21.00 元

邮购地址 100706 北京市东城区隆福寺街 99 号
人民东方图书销售中心 电话 (010)65250042 65289539

目 录

前　　言

2012 年 6 月，中国政府授权国务院新闻办公室发布了《国家人权行动计划（2012—2015 年）》（以下简称《行动计划》）。这是继 2009 年 4 月发布《国家人权行动计划（2009—2010 年）》之后，中国政府制定的第二个国家人权计划。制定并发布国家人权行动计划，是中国政府信守人权领域的庄严承诺、落实尊重和保障人权的宪法原则、全面推进中国人权事业发展的一项重大举措。

各级地方政府以及中央和国家机关各有关部门高度重视《行动计划》的执行，依照"各司其职、分工负责"的原则，将《行动计划》纳入本地区本部门工作规划，并结合各个领域的中长期工作规划，采取切实有效措施积极推动落实。各类企事业单位、人民团体、社会组织、新闻媒体、学术机构和社会各界积极参与《行动计划》的宣传教育和贯彻落实。在中国共产党和中国政府的坚强领导下，经过各方面共同努力，《行动计划》规定的目标任务如期完成。

根据《行动计划》的规定，由国务院新闻办公室和外交部牵头，国家立法和司法机关、国务院相关职能部门以及人民团体、社会组织等组成国家人权行动计划联席会议机制，负责统筹协调《行动计划》的执行、监督和评估工作。

2014年下半年，联席会议机制组织开展了《行动计划》中期评估，责成各有关部门和单位对《行动计划》执行情况作出报告，组织专家学者有针对性地进行调查研究，召开《行动计划》执行情况中期评估会议，对前期的落实情况进行检查、评估《行动计划》的实施情况，对完成下一阶段的目标任务作出部署。

2015年7月，联席会议机制启动了《行动计划》终期评估工作。工作分调研、评估、总结三个阶段。2015年7月至12月，国务院新闻办公室多次组织新闻单位、人权专家赴北京、辽宁、上海、江苏、江西、广东、广西、青海、新疆等地采访、调研，听取各界人士、社会民众的意见和建议。受联席会议机制委托，中国人权研究会多次组织人权专家和社会组织代表赴北京、天津、上海、重庆、大连、济南、武汉等地，就《行动计划》的落实情况进行调研。

联席会议机制责成各有关部门和单位对各自所涉计划任务的执行、落实与完成情况进行自我评估，并提交书面评估报告。在此基础上，联席会议机制组织中央和国家机关有关部门和单位、人民团体、社会组织以及中央党校、南开大学、山东大学、西南政法大学、上海社会科学院等高校和科研机构人权专家，对照《行动计划》中各项指标，对各部门、各单位的自我评估情况进行逐条核实和分析，并广泛征求联席会议机制成员单位和社会各界的意见和建议，最后形成了《〈国家人权行动计划（2012—2015年）〉实施评估报告》，现予以公布。

一、总体执行情况

2012—2015 年,是中国人权事业发展很不平凡的四年。在努力实现中华民族伟大复兴中国梦的征程中,中国政府围绕全面建成小康社会、全面深化改革、全面依法治国、全面从严治党的战略布局,将人权事业的发展与经济建设、政治建设、文化建设、社会建设和生态文明建设相结合,不断加大各项人权保障力度,努力完成《国家人权行动计划(2012—2015 年)》规定的主要目标和任务,中国人权事业又上了一个新台阶。

——坚持以人民为中心的发展思想,加快全面建成小康社会,保障人民的经济、社会和文化权利。

2012—2015 年,面对错综复杂的国际形势和艰巨繁重的国内改革发展稳定任务,中国政府坚持创新、协调、绿色、开放、共享的新发展理念,主动适应和引领经济发展新常态,不断深化改革,扩大开放,坚持稳增长、促改革、调结构、惠民生、防风险,推动经济更有效率、更加公平、更可持续发展,改革发展红利惠及全体人民,使全体人民在共建共享中有更多获得感。

2012—2015 年,中国国内生产总值年均增长 7.4%,城镇居民人均可支配收入年均增长 7.5%,农村居民人均纯收入年均增长 9.2%,城镇登记失业率保持在 4.1% 以内,农村贫困人口减少 6663 万人,常住人口城镇化率上升到 56.1%,全国城镇保障性安居工程基本建成 2428 万套。基本医疗保险参保率 95% 以上,基本养老保险参保率超过 80%。公共服务体系基本建成,教育公平得到更好落实,全民健康状况明显改善,互联网建设加快推进,为公民享受文化权利提供了更便捷条件。环境治理力度加大,生态文明建设取得新进展。少数民族、妇女、儿童、老年人和残疾人权利得到进一步保障。

——坚持建设社会主义法治国家,努力实现国家治理体系和治理能力现代化,切实保障公民权利和政治权利。

社会主义民主政治建设稳步发展,政务公开加快推进,推广电子政务和网上办事,公民知情权、参与权、表达权、监督权得到保障。深入推进简政放权,设立权力清单制度。2014—2015 年,取消和下放 557 项行政审批事项,取消 272

项职业资格许可和认定事项,彻底终结了非行政许可审批。完善执政党的规章条例,依法惩治腐败犯罪和职务犯罪,为人权保障创造良好的政治和法治环境。

深化司法体制改革,优化司法职权配置,完善司法责任制,推进司法公开;修改完善诉讼制度,严格落实罪刑法定、疑罪从无、非法证据排除等法律原则,加强律师执业权利保障,坚决防止和纠正冤假错案;确保司法机关依法独立公正行使职权,依法保障公民的人身权、公正审判权等各项权利,努力让人民群众在每一个司法案件中感受到公平正义。

——坚持社会主义核心价值观,推进人权理论研究和人权教育,努力提升全社会尊重和保障人权意识。

在全社会大力倡导富强、民主、文明、和谐,倡导自由、平等、公正、法治,倡导爱国、敬业、诚信、友善,积极培育和践行社会主义核心价值观。社会主义核心价值观是中国人民的共同理想和精神支柱,规定了中国特色社会主义建设的本质要求和发展方向,也对中国人权事业发展起着重要的指导和引领作用。

开展多种形式的人权教育和培训,传播人权理念,普及人权知识。把人权法治教育融入全民普法、学校教育和专门教育工作中,人权教育大众化、专业化水平不断提高。加强领导干部、公职人员的人权法治教育,国务院新闻办公室多次举办人权知识培训班。支持高校人权相关专业建设和人才培养,新增 5 个"国家人权教育与培训基地",提前完成行动计划确定的任务。积极开展人权学术研究,中国特色社会主义人权理论研究取得丰硕成果。

——坚持在平等和相互尊重的基础上开展国际人权交流与合作,认真履行国际人权条约,推动国际人权事业健康发展。

2012—2015 年,中国继续认真履行已加入的国际人权条约义务,与有关条约机构就中国执行《残疾人权利公约》《儿童权利公约》《经济、社会和文化权利国际公约》《消除对妇女一切形式歧视公约》《禁止酷刑和其他残忍、不人道或有辱人格的待遇或处罚公约》情况开展建设性对话。顺利接受联合国人权理事会第二轮国别人权审查。深入参与联合国大会第三委员会、联合国人权理事会等多边人权会议。同联合国妇女署联合举办全球妇女峰会。

2012—2015 年,中国同美国、欧盟、英国、德国、澳大利亚、瑞士等举行 20 余次人权对话和交流,同俄罗斯、巴西、巴基斯坦、古巴等开展 10 余次人权磋商和交流。中国人权研究会和中国人权发展基金会联合主办了 4 届"北京人权论坛"。

在中国政府和全国各族人民的共同努力下,到 2015 年年底,如期完成了计划预定的主要目标任务,其中约 48% 的约束性指标、50% 以上的涉民生指标提前或超额完成,《行动计划》得到全面落实。

在《行动计划》规定的约束性指标之外,中国政府积极回应社会热点和民众诉求,做了大量促进人权保障的工作。自 2012 年起,异地高考逐步开放,受教育权得到更加充分的落实;2013 年 12 月,劳动教养制度被废止;2015 年 8 月,对四类服刑罪犯予以特赦;审议通过刑法修正案(九),在立法上取消了 9 个罪名的死刑,适用死刑的罪名从原来的 55 个减少至 46 个,等等。

中国共产党和中国政府坚持把人权的普遍性原则同中国实际相结合,显著提高了人民生存权、发展权的保障水平,促进了经济、社会和文化权利、公民权利和政治权利全面协调发展,成功走出了一条适合中国国情的人权发展道路。《行动计划》的如期完成,充分表现出中国共产党和中国政府全面有序推进人权事业发展的决心和信心,显示了中国特色社会主义制度的巨大优越性。

人权保障没有最好,只有更好。中国政府清醒地认识到,虽然中国人权事业的发展取得巨大成就,但还面临诸多挑战。经济发展方式粗放,不平衡、不协调、不可持续的问题仍然突出,城乡区域发展差距仍然较大,与人民群众切身利益相关的医疗、教育、养老、食品药品安全、收入分配、环境等方面还有一些困难要解决,一些领域的不正之风和腐败形势不容忽视。在中国,实现更高水平的人权保障任重道远,依然要付出艰巨努力。

2015 年 9 月,中国国家主席习近平在致北京人权论坛的贺信中指出,中国人民历经苦难,深知人的价值、基本人权、人格尊严对社会发展进步的重大意义。实现人民充分享有人权是人类社会的共同奋斗目标,中国将坚定不移地推进中国人权事业和世界人权事业的共同发展,不断为人类文明进步事业作出更大贡献。

二、经济、社会和文化权利

2012—2015 年，国家不断深化改革，采取一系列既利发展又惠民生的重大措施，人民的经济、社会和文化权利保障得到全面加强，《行动计划》规定的主要目标任务如期完成。

（一）工作权利

平等就业权利得到保障。2012 年、2013 年、2014 年、2015 年，城镇新增就业人数分别为 1266 万人、1310 万人、1322 万人、1312 万人，超过年均新增就业 900 万人的计划预期目标。城镇登记失业率保持在 4.1% 以内，低于计划 5% 的控制目标。

获得劳动报酬和休息休假的权利得到进一步保障。2012—2015 年，分别有 25 个、27 个、19 个、27 个地区调整了最低工资标准，平均增幅分别为 20.1%、17.0%、14.1%、14.9%。2012 年，全国人大常委会修改劳动合同法，继续强

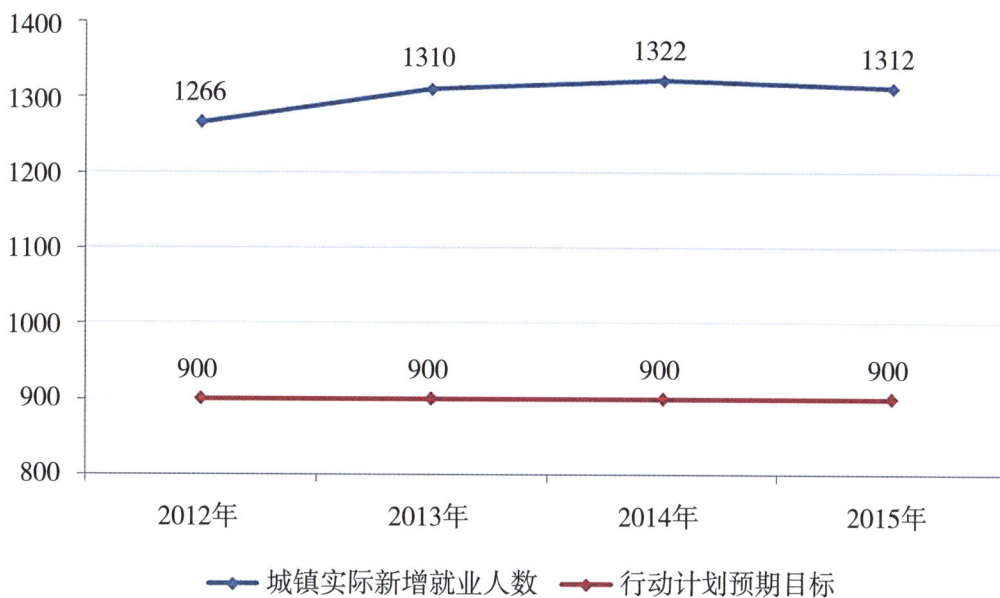

图1：2012—2015年城镇新增就业人数基本情况（单位：万人）

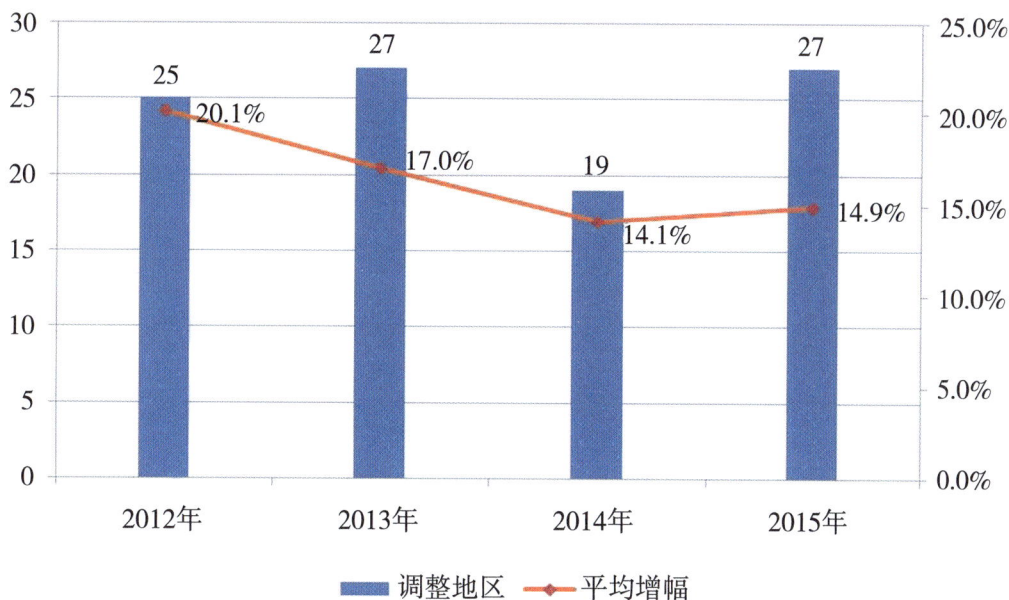

图2：2012—2015年调整最低工资标准地区数目及平均增幅（单位：个）

调同工同酬。2015年,全国各类企业劳动合同签订率90%以上。2015年11月开展的部分城市(60个城市)人力资源社会保障基本情况调查显示,已有超过50%的职工当年享受了带薪年休假。

安全生产条件不断改善。国家安全生产监督管理总局发布《关于进一步加强国家安全生产应急平台体系建设的意见》,国家和20个省(区、市)、部分市、重点县及高危行业大型企业分别建立安全生产应急平台,实现国家平台与13个省级应急平台、7支国家矿山应急救援队应急平台的互联互通。与2011年相比,2015年全国各类事故起数和死亡人数分别下降19%和12.4%,重特大事故起数和死亡人数分别下降47.2%和31%。2013年,全国人大常委会审议通过特种设备安全法。2011—2015年,在特种设备数量增长70%的情况下,特种设备死亡人数连续5年控制在300人以内,万台特种设备死亡率从2010年的0.67下降到2015年的0.36,特种设备安全状况达到中等发达国家水平。有关部门修改《职业病诊断与鉴定管理办法》《职业病危害因素分类目录》,制定《工作场所职业卫生监督管理规定》等5部规章、《职业健康检查管理办法》和新增职业病诊断标准,发布《石材加工工艺防尘技术规范》等70余项职业卫生技术标准。在金矿开采、水泥制造、石材加工、木制家具制造等职业病危害严重领域开展粉尘及毒物专项治理行动。

劳动者技能得到提升。积极开展面向城乡劳动者的职业培训，截至 2015 年年底，全国技能劳动者总量达 1.67 亿人，提前并超额完成 1.25 亿人的计划预期目标，其中高技能人才 4501 万人，占技能劳动者的 27.28%。

（二）基本生活水准权利

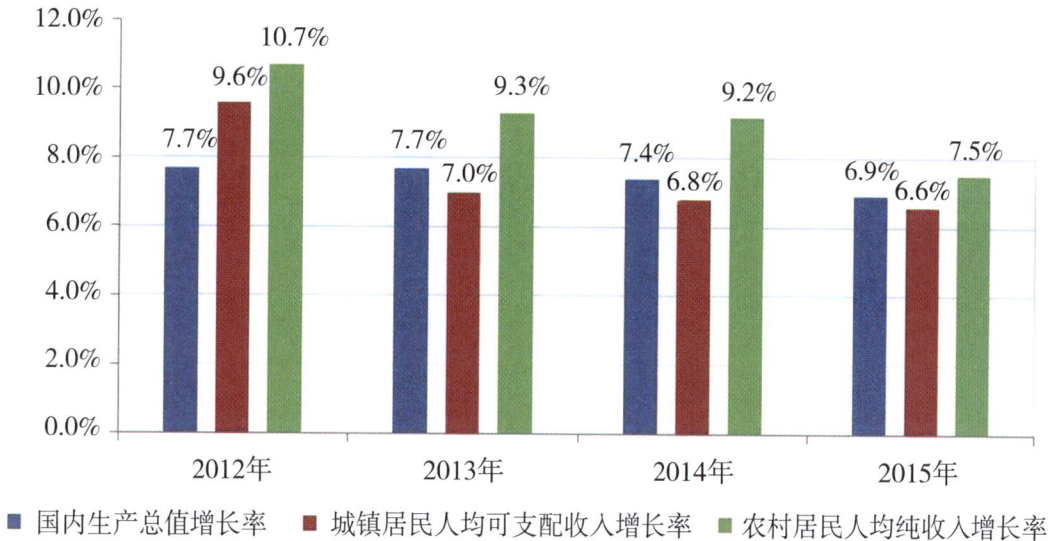

图 3：2012—2015 年国内生产总值、城镇居民人均可支配收入、农村居民人均纯收入增长百分比

2012—2015 年，居民人均可支配收入增长速度总体上高于同期国内生产总值增长速度，城镇居民人均可支配收

入和农村居民人均纯收入年均增长率分别为 7.5% 和 9.2%，超过 7% 的计划预期目标。

扶贫开发成效显著。2012 年，有关部门制定《扶贫开发整村推进"十二五"规划》。截至 2015 年年底，3 万个规划整村推进村全面启动实施，超出 2.4 万个村的计划预期目标；投入资金 1445.69 亿元，村均投入 480 万元。2012—2015 年，国家发展改革委安排易地扶贫搬迁中央预算内投资 210 亿元，带动地方财政投入和各类投资 2000 多亿元，累计搬迁贫困人口约 800 万人。针对留守务工贫困群众，重点开展以种植业、养殖业为主要内容的农村实用技术培训，共培训 930 万人次。国家向 17 个边境贫困县（市）投入各类扶贫资金 255.3 亿元，安排边境扶贫项目 3807 个，30.6 万户边境居民直接受益。截至 2015 年，全国农村基层已有超过 72.9 万名科技特派员，覆盖全国 90% 的县（市、区），辐射带动 6000 万人。

贫困人口大幅减少。2012—2015 年，农村贫困人口减少 6663 万人。2015 年，国家扶贫标准按 2010 年价格的 2300 元动态调整为 2855 元，部分省的扶贫标准高于国家标准。

居住条件得到改善。2012 年，住房城乡建设部颁布

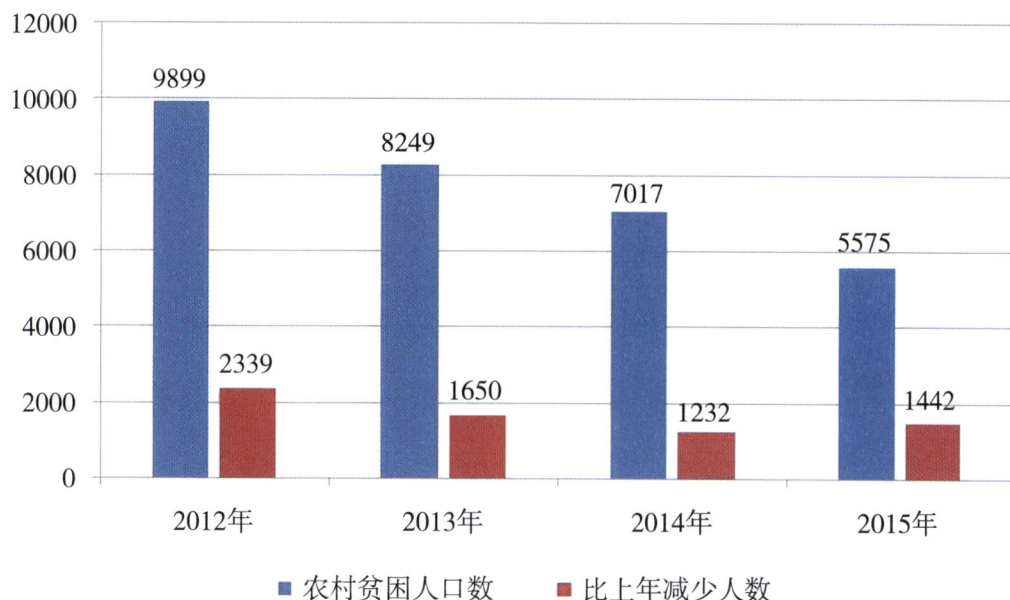

图4：2012—2015年农村贫困人口基本情况(单位:万人)

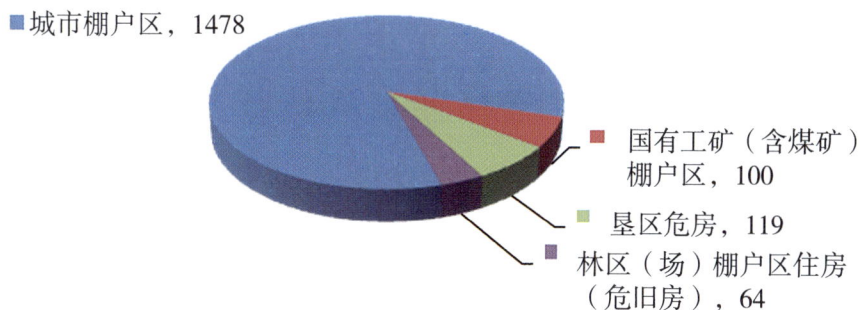

图5：2012—2015年各类棚户区改造住房开工数(单位:万套)

《公共租赁住房管理办法》。2014年,公共租赁住房和廉租住房并轨运行。2012—2015年,国家安排7700多亿元支持城镇保障性安居工程,新开工2970万套,基本建成2428万套。中央安排全国农村危房改造补助资金1271亿元,支持改造农村危房 1524 万户,超过计划预期目标 2 倍以上。

(三)社会保障权利

社会保险制度体系进一步健全。人力资源社会保障部发布《社会保险费申报缴纳管理规定》《工伤职工劳动能力鉴定管理办法》等规章。2014 年,城镇居民社会养老保险制度与新型农村社会养老保险制度合并实施,建立起全国统一的城乡居民基本养老保险制度。截至 2015 年年底,全国养老保险参保人数达 8.58 亿人,其中城乡居民基本养老保险参保人数达 5.05 亿人,职工基本养老保险参保人数达 3.53 亿人,超额完成计划预期目标。全国 31 个省(区、市)建立了职工基本养老保险省级统筹制度。企业退休人员基本养老金连续 5 年按 10%左右的比例上调,月人均基本养老金水平自 2010 年的 1362 元提高到 2015 年的 2240 多元。

基本医疗保险制度覆盖全民,参保率 95%以上。截至 2014 年年底,新型农村合作医疗参合人数达到 7.36 亿人,参合率保持在 99%,提前并超额完成计划预期目标。截至 2014 年年底,职工基本医疗保险、城镇居民基本医疗保险和新型农村合作医疗参保人数超过 13.3 亿人,比 2010 年新增 6000 多万人,提前完成计划预期目标。居民医疗保险筹资水平由 2010 年的人均 164 元提高到 2015 年的 515 元,各级财政补助标准由 2010 年的人均 120 元提高到 2015 年的 380 元,超额完成计划预期目标。职工基本医疗保险、城镇居民基本医疗保险、新型农村合作医疗政策范围内报销比例分别达到 80%、70%、75%。新型农村合作医疗普遍建立门诊统筹制度,支付比例 50% 以上。

失业保险、工伤保险和生育保险的覆盖面不断扩大。截至 2015 年年底,失业保险参保人数达到 1.73 亿人,超额完成计划预期目标。7 个省实现失业保险省级统筹,21 个省和新疆生产建设兵团的全部或部分地市实现市级统筹。工伤保险参保人数达到 2.14 亿人。工伤保险市级统筹基本实现,10 个省(区、市)出台省级统筹办法。生育保险参保人数达到 1.78 亿人,超额完成计划预期目标。

社会救助水平逐步提高。截至 2015 年年底,城乡最低生活保障标准分别达到每月人均 451 元和 264.8 元,年均增幅达到 10%。农村"五保"集中和分散供养年人均标准分别达到 6026 元和 4490 元,比 2012 年同期分别增长 48.4% 和 49.3%。全国共实施医疗救助 8406 万人次,支出资金 274 亿元。全国 92% 的地区实现医疗救助"一站式"

结算。

（四）健康权利

医疗卫生保障条件进一步改善。截至 2015 年年底，通过转岗培训、在岗培训和规范化培训等方式培养 17.3 万名全科医生，超额完成计划预期目标。人均期望寿命达到 76.34 岁，高于计划预期标准。

公共卫生服务得到更全面保障。通过并实施精神卫生法。组织实施《全国精神卫生工作体系发展指导纲要（2008 年—2015 年）》，全面加强精神卫生服务体系建设。在全国开展严重精神障碍患者筛查诊断、登记管理和随访服务等工作。人均公共卫生服务经费由 2011 年的 25 元提高到 2015 年的 40 元。城乡居民免费获得建立健康档案、健康教育、预防接种等多项服务。已建成全球规模最大的传染病疫情和突发公共卫生事件网络直报系统。建成慢性病综合防控示范区 265 个，管理高血压患者 8600 多万人、糖尿病患者 2400 多万人。构建风险评估、现场检疫查验、实验室检测、信息通报、联防联控为一体的口岸传染病防控体系。截至 2014 年 6 月，全国 259 个运营中的口岸全部验收达标，口岸疾病防控和应急处置能力大幅提升。

地方病防治力度加大。实现消除碘缺乏病的目标。燃煤污染型地方性氟中毒病区改炉改灶率达到100%。基本完成饮水型地方性氟中毒、砷中毒病区饮水安全工程建设，完成地方性砷中毒病区分布调查，基本落实病区改炉改灶或改水降砷措施。针对大骨节病和克山病，实施移民搬迁、食用非病区粮食等综合防控措施，截至2015年年底，全国95.4%以上的病区村控制了大骨节病，94.2%的病区县控制了克山病，提前完成计划预期目标。

饮用水安全得到进一步保障。截至2015年年底，饮用水卫生监测覆盖范围扩大至所有城区和60%的乡镇。2011—2015年，全面解决2.98亿农村居民和4133万农村学校师生饮水安全问题，同步解决青海、四川、甘肃、云南四省藏区等特殊困难地区566万农村人口的饮水安全问题，农村集中式供水人口比例由2010年的58%提高到2015年的82%，农村自来水普及率达到76%，均超额完成计划预期目标。

食品药品安全的保障措施得到加强。2013年组建国家食品药品监督管理总局。2015年，全国人大常委会修改食品安全法，有关部门配套制定《食品经营许可管理办法》《食用农产品市场销售质量安全监督管理办法》《食品召回管理办法》等多项部门规章。最高人民法院、最高人民检察院发布《关于办理危害食品安全刑事案件适用法律若干问题的解释》《关于审理食品药品纠纷案件适用法律若干问题的规定》。清理近5000项各类食品标准,发布683项食品安全国家标准。

全国人大常委会授权国务院在部分地方开展药品上市许可持有人制度试点。国务院修改《医疗器械监督管理条例》,国家食品药品监督管理总局审核发布《医疗器械生产监督管理办法》《医疗器械经营监督管理办法》《药品经营质量管理规范》《药品医疗器械飞行检查管理办法》等一系列规章。实施国家药品医疗器械标准提高行动计划,共完成药品标准4368个、医疗器械标准562项。2011—2015年,共查处药品违法案件72万余件,侦破药品犯罪案件3.6万起。

全民健身公共体育设施得到改善。《全民健身计划(2011—2015年)》全面推进落实,全国各类体育场地达到169万余个,人均体育场地面积达到1.57平方米,均超额完成计划预期目标。截至2014年年底,50%以上的市(地)、县(区)有全民健身活动中心,50%以上的街道(乡镇)、城市社区、农村行政村有体育健身设施,均提前完成计划预期目标。

（五）受教育权利

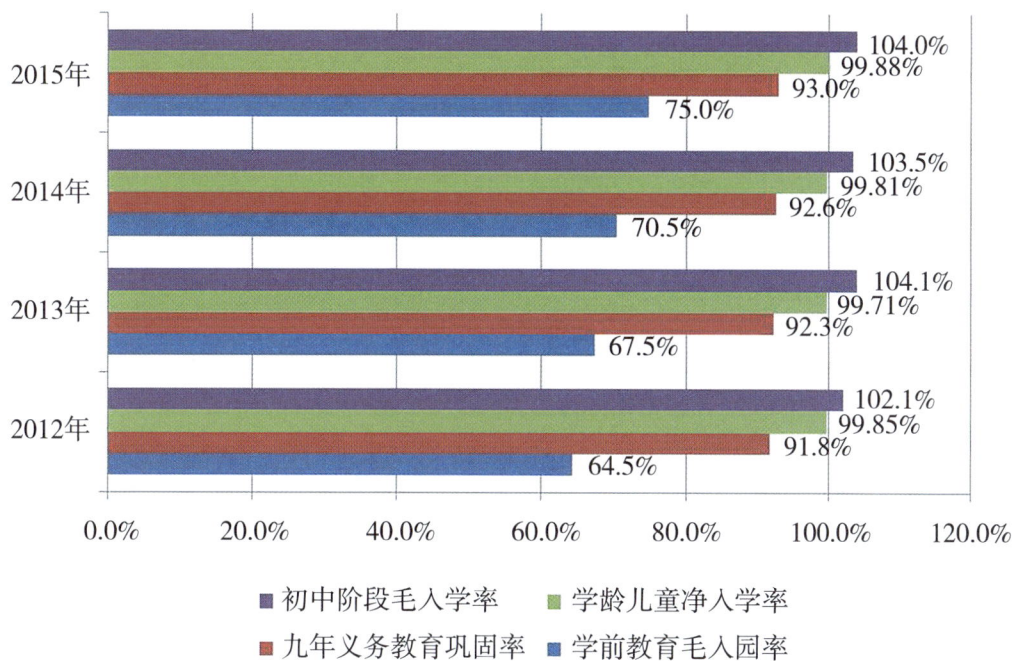

图 6：2012—2015 年基础教育各阶段入学率增长情况

《国家中长期教育改革和发展规划纲要（2010—2020年）》稳步落实。2015 年，全国人大常委会修改并发布教育法和高等教育法。2015 年，小学学龄儿童净入学率为99.88%，初中毛入学率为 104%，九年义务教育巩固率为 93%。

学前教育进一步发展。实施第一期、第二期学前教育三年行动计划。2012—2015 年,中央财政共安排学前教育发展专项资金 621 亿元,重点支持中西部农村地区加快构建县、乡、村学前教育服务网络,并对各地资助家庭经济困难幼儿、孤儿和残疾儿童入园进行奖补。2015 年,全国共有幼儿园 22.37 万所,在园幼儿 4264.83 万人,学前三年毛入园率达 75%,提前实现 65% 的计划预期目标。

进城务工人员随迁子女平等受教育权得到保障。2012—2015 年,中央财政累计投入资金 346 亿元,近 90% 的进城务工人员随迁子女得到政府财政保障。对符合当地政府规定接收条件的进城务工人员随迁子女,在公办学校就读的,免除学杂费,不收借读费。2015 年,全国义务教育阶段在校生中进城务工人员随迁子女为 1367.10 万人,80% 在公办学校就读,各地还通过政府购买服务等形式积极安排进城务工人员随迁子女在普惠性民办学校就读。截至 2015 年年底,已有 29 个省(区、市)开始解决随迁子女在当地高考问题,共有近 8 万名符合条件的进城务工人员随迁子女在当地参加高考。

贫困地区的办学条件得到改善。2012—2015 年,中央财政累计投入资金 1020 亿元改造义务教育薄弱学校。2014 年 11 月,有关部门联合印发《关于统一城乡中小学教职工编制标准的通知》，将县镇、农村中小学教职工编制标准统一到城市标准，并向农村边远贫困地区倾斜。2012—2015年，中央投资140.4亿元，建设边远艰苦地区农村学校教师周转宿舍24.4万套，可入住教师30万人。2013—2015年，中央财政累计投入资金43.92亿元（包括新疆生产建设兵团），支持连片特困地区对乡村教师发放生活补助，受益教师100多万人。

中西部地区教育快速发展。中央安排100亿元支持24个中西部省区（包括新疆生产建设兵团）100所左右地方高校基础能力建设。安排56亿元支持没有教育部所属高校的13个省（区）和新疆生产建设兵团各建设1所地方高水平大学。实施"对口支援中西部地区招生协作计划"，教育资源充裕的地区将部分招生指标投向中西部录取率较低地区和人口大省；2012—2015年，协作计划共落实招生指标75.5万人，高考录取率的省际差距逐年缩小。

高中和职业教育条件不断改善。2012—2015年，中央财政共安排中西部地区普通高中改善办学条件补助资金120亿元，支持中西部集中连片特困地区1542所学校改善办学条件，共惠及600多万名在校学生。中央与地方共同安排资金设立普通高中国家助学金，年生均1500元，自

2015 年春季学期起提高到 2000 元。

2012 年和 2013 年,中央财政每年安排专项资金 14 亿元,支持建设 1500 个职业教育实训基地。2012—2015 年,国家发展改革委共安排专项资金 170 多亿元,支持 1814 所中职学校基础能力建设。国家投入 23 亿元,深入实施"职业院校教师素质提高计划"。截至 2015 年年底,共组织 34 万多名职业院校教师参加系统化培训,推动 580 家大中型企业参与教师培训,完成 300 个职业教育师资培养培训优势特色专业点建设。2012—2015 年,中央财政共下达中职免学费补助资金 417 亿元,免除中等职业学校全日制在校生中所有农村学生和城市涉农专业、家庭经济困难学生学费。对全日制一、二年级在校涉农专业学生和非涉农专业家庭经济困难学生发放国家助学金,2013 年标准为每生每年 1500 元,2015 年起提高到每生每年 2000 元,覆盖近 40%的学生。

普通高校家庭经济困难学生资助政策体系进一步健全。自 2014 年 7 月起,国家助学贷款标准调整为全日制本专科学生每人每年最高 8000 元,全日制研究生每人每年最高 12000 元。自 2015 年 7 月起,学生在读期间贷款利息全部由财政补贴,最长期限延长至 20 年。自 2014 年秋季学期开始执行新的全日制研究生国家助学金政策,资助标准为博士生不低于每生每年 10000 元,硕士生不低于每生每年 6000 元。

(六)文化权利

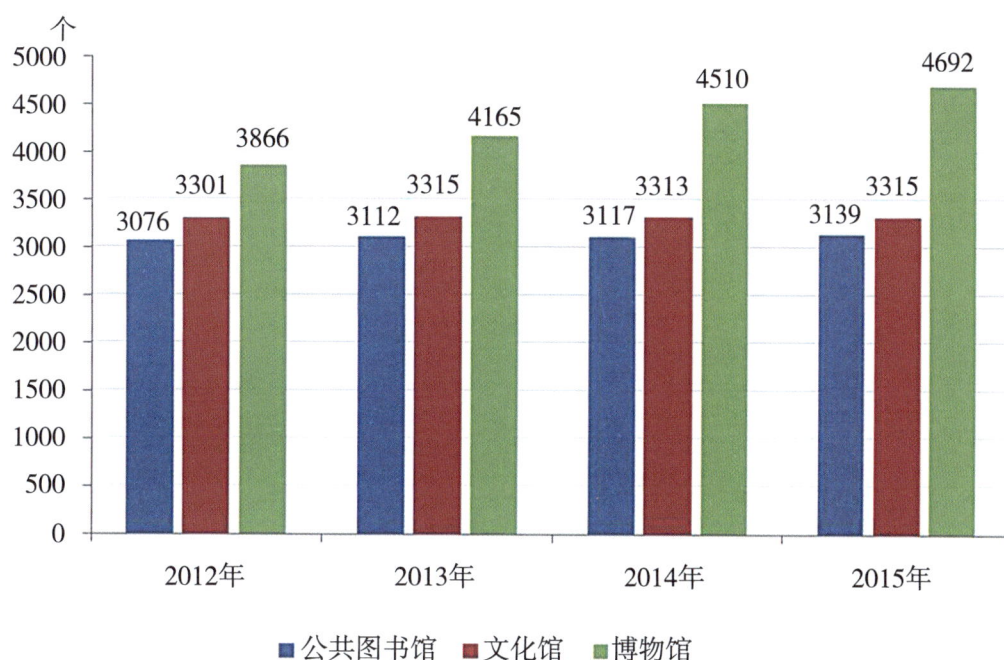

图 7:2012—2015 年全国部分公共文化设施数量

公共文化设施进一步改善。截至 2015 年年底,全国共建成公共图书馆 3139 个、文化馆 3315 个、文化站 40976 个、博物馆 4692 家、科技馆 409 个。2012—2015 年,中央财政累计投入 203 亿元支持公共文化设施免费开放。截至 2015

年年底,免费开放的博物馆已达 4013 家。中央投资 92.23 亿元,基本完成对 20 户以下已通电自然村广播电视覆盖。文化共享工程已建成 3.55 万个分中心、支中心和乡镇(街道)基层服务点,以及 70 万个村(社区)基层服务点,资源总量达到 532TB,超额完成计划预期目标。全国建成农家书屋 60.0449 万家,累计向农村配送图书超过 10 亿册,卫星数字农家书屋 2.4 万家。全国已建成农村数字电影院线 252 条,放映队 5 万余支,卫星电影基本覆盖全国 64 万个行政村,全年完成影片订购 900 余万场。

图 8:2012—2015 年互联网建设情况

互联网建设为公民享受文化权利提供了更便捷的条件。截至 2015 年年底，互联网网民达到 6.88 亿，互联网人口普及率达到 50.3%，超额完成 45% 的计划预期目标。固定宽带用户达到 2.1 亿户，互联网宽带接入端口达到 4.7 亿个，超额完成 3.7 亿个的计划预期目标，光纤到户覆盖家庭达到 4.46 亿户，超过计划预期目标一倍以上。

（七）环境权利

国家修改环境保护法，专章规定"信息公开和公众参与"，加强对公民环境保护的知情权、参与权、监督权的保障，完善公益诉讼制度，赋予相关社会组织提起环境公益诉讼的权利，强化责任追究制度。

重金属污染得到有效治理。2010—2015 年，中央财政拨付 172 亿元资金支持重金属污染治理。2014 年，全国铅、汞、镉、铬和类金属砷五种重点重金属污染物排放总量比 2007 年下降 20%，重金属污染事件自 2010—2011 年的平均每年 10 余起下降到 2012—2015 年的平均每年不到 3 起。

水污染治理能力得到提升。2015 年 4 月，国务院发布《水污染防治行动计划》。全国地表水劣 V 类水质比例自 2001 年的 35.7% 下降到 2015 年的 8.8%。2011—2015 年，新增城镇污水处理能力 4800 万吨/日。2015 年,338 个地级及以上城市集中式饮用水水源取水量达标率为 97.1%。

空气污染治理力度加大。2015 年 8 月修改大气污染防治法,以改善大气环境质量为目标,强化政府责任,完善治理大气污染的针对性措施。2011—2015 年,化学需氧量、氨氮、二氧化硫、氮氧化物四项污染物排放量,分别下降 12.9%、13.0%、18.0% 和 18.6%。2013 年 9 月,国务院印发《大气污染防治行动计划》,明确了 10 条 35 项综合治理措施,重点治理细颗粒物($PM_{2.5}$)和可吸入颗粒物(PM_{10})。2015 年,全国所有地级及以上城市已全部实施新环境空气质量标准。建成发展中国家最大的空气质量监测网,全国 338 个地级及以上城市全部具备 $PM_{2.5}$ 等六项指标监测能力。加强节能低碳标准化工作。2011—2015 年,实施百项能效标准推进工程,批准发布 205 项节能国家标准。2015 年,国务院办公厅印发《关于加强节能标准化工作的意见》。批准发布钢铁、水泥等 10 个行业温室气体排放标准,发布第五阶段车用油品国家标准。

生态建设深入推进。成立生物多样性保护国家委员会,环境保护部发布《中国生物多样性保护战略与行动计划(2011—2030 年)》,启动"联合国生物多样性十年中国行动"。2011—2015 年，天然林资源保护工程投资达 898 亿元，约 108 万平方公里的天然林得到有效保护。持续推进"三北"等重点防护林体系建设、京津风沙源治理、岩溶地区石漠化综合治理、退牧还草等重点生态工程，启动新一轮退耕还林还草。2011—2015 年，已建成以自然保护区为骨干的生物多样性就地保护网络体系。建成自然保护区面积达 147 万平方公里，约占陆地国土面积 14.84%。全国超过90% 的陆地生态系统类型、89% 的国家重点保护野生动物种类和 86% 的国家重点保护野生植物种类在自然保护区内得到保护。截至 2015 年年底，中国森林覆盖率为 21.66%。新增水土流失综合治理面积 26 万余平方公里，超额完成计划预期目标。截至 2014 年年底，全国城市绿化覆盖率为40.22%，提前完成计划预期目标。

环境执法和责任追究力度不断加强。贯彻落实新修改的环境保护法和国务院办公厅关于加强环境监管执法的通知，全国环保系统积极创新监管执法方式模式，相继开展环保专项行动和环保大检查，严惩环境违法和环境污染犯罪，有效维护了人民群众的环境权益。进一步健全了生态环境损害赔偿制度。

三、公民权利和政治权利

2012—2015 年,社会主义民主政治与法治建设全面推进,公民权利和政治权利得到切实保障,保证和支持人民当家做主。

（一）人身权利

2012 年 3 月修改后的刑事诉讼法明确规定"尊重和保障人权",完善了证据制度、强制措施、辩护制度、侦查措施、审判程序、执行程序等。

犯罪嫌疑人人身权利得到保障。最高人民法院、最高人民检察院、公安部发布相关规定,细化了逮捕、取保候审、监视居住等强制措施的适用条件、审批程序和告知程序。2012—2015 年,全国检察机关不批准逮捕总数为 816379 人。其中,以无社会危险性不批捕 340491 人,以不构成犯罪不批捕 63809 人,以事实不清、证据不足不批捕 379290 人。公安机关严格执行拘留、逮捕后 24 小时以内通知被拘留、被逮捕人家属的规定;在第一次讯问犯罪嫌疑人或对犯罪嫌疑人采取强制措施时,及时向犯罪嫌疑人告知其委托辩护律师、申请法律援助的权利。建立网上预约平台,公布预约电话,为律师会见提供便利。大力推进法律援助中心驻看守所工作站建设,确保在押人员及家属及时得到法律援助。辩护律师在侦查期间可以向侦查机关了解犯罪嫌疑人涉嫌的罪名及当时已查明的主要涉罪事实,以及采取强制措施的情况。

对刑讯逼供等违法违规行为的监督和检查力度加强。2012—2015 年,检察机关对滥用强制措施、非法取证、刑讯逼供等侦查活动违法情形,提出纠正意见共 869775 次。2015 年共处理检察人员违法违纪 208 件 243 人。2012 年以来,检察机关继续大力查处国家机关工作人员利用职权实施的侵犯公民人身权利的犯罪案件。

依法全面取证和审查判断证据的规定得到严格执行。公安机关将收集的证明有罪或无罪、罪重或罪轻的所有证据归入案卷全部移送,并严格审查证据的真实性、合法性以及证明力。人民检察院对辩护律师提出的犯罪嫌疑人不构成犯罪、无社会危险性或者排除非法证据等意见都记录在案。案件侦查终结前,辩护律师提出要求的,公安机关应当听取辩护律师的意见,根据情况进行核实,并记录在案;辩护律师提出书面意见的,应当附卷。公安机关规范办案区的使用和管理,办案区与其他功能区物理隔离,保证犯罪嫌疑人在办案区内的饮食和必要的休息时间;犯罪嫌疑人被带到公安机关后,一律直接带入办案区,一律要有视频监控并记录。截至2015年年底,各地已普遍完成执法办案场所规范化改造。

社区矫正制度进一步完善。2012年新修改的刑事诉讼法明确规定,对被判处管制、宣告缓刑、假释或者暂予监外执行的罪犯,依法实行社区矫正,由社区矫正机构负责执行。根据刑法和刑事诉讼法的有关规定,司法部会同有关部门共同制定《社区矫正实施办法》,对社区矫正的交付、执行和法律监督等作出了全面规定。加强教育管理,切实提高社区矫正质量,加强社会适应性帮扶工作,制定完善并认真落实帮扶政策,协调解决社区服刑人员就业、就学、最低生活保障、临时救助、社会保险等问题,为社区服刑人员安心接受教育矫正并融入社会创造条件。截至2015年年底,全国已建立县(区)社区矫正中心1339个,累计接收社区服刑人员270.2万人,累计解除社区服刑人员200.4万人,在册社区服刑人员69.8万人,社区服刑人员在矫正期间重新犯罪率一直处在 0.2% 的较低水平。

2013 年 12 月,全国人大常委会通过关于废止有关劳动教养法律规定的决定。

2015 年 8 月,全国人大常委会作出决定,对四类服刑罪犯予以特赦。截至 2015 年年底,依法特赦服刑罪犯 31527 人。

(二)被羁押人的权利

对羁押的监督更加严格。公安机关对在押人员因病或因伤符合刑事诉讼法规定的可以取保候审或监视居住情形、不适宜继续羁押的,及时依法变更强制措施。2012—2015 年,全国检察机关对不具有羁押必要性的案件共提出释放或变更强制措施建议 83341 人,办案机关采纳 77591 人,采纳率为 93.1%。刑事羁押期限监督得到全面强化。2012—2015 年,共发现超期羁押 1974 人,提出纠正 1967 人,已纠正 1939 人。

被羁押人合法权益得到保障。2013 年,公安部组织修订《看守所建设标准》,新建、改建和扩建的看守所全面推行床位制。公安部会同国家卫生计生委开展公安监管场所医疗专业化、社会化建设,为在押人员建立医疗档案,由专业医疗机构负责日常医疗卫生工作。被羁押人入所体检、定期体表检查、收押权利义务告知、紧急报警等制度得到严格落实,对犯罪嫌疑人的提讯和还押制度得到严格执行,对被羁押人的安全风险评估、心理干预、投诉调查处理以及特邀监督员巡查看守所等制度和工作机制不断完善,制定多项涉及公安监管场所被监管人员人身权利、财产权利、诉讼权利的制度。人民检察院通过派驻看守所、监狱的检察机构建立检察官信箱、被监管人约见检察官、检察官与被监管人谈话等工作机制和制度,了解是否存在被监管人受到体罚、虐待、侮辱或者打击报复等违法情形,依法提出纠正意见并监督监狱、看守所予以纠正。2012—2015 年,全国检察机关因被监管人受到体罚、虐待、违法使用械具、禁闭等向监管机关提出纠正意见 7770 人次,已得到全部纠正。2015 年 3 月发布实施的《监狱罪犯死亡处理规定》对监狱罪犯死亡的报告、调查处理、检察、责任追究作出了具体规定。

(三)获得公正审判的权利

非法证据排除制度进一步完善。2013 年,最高人民检察院发布《关于侦查监督部门调查核实侦查违法行为的意见(试行)》,进一步完善了对侦查违法活动进行监督的工作机制。最高人民法院关于适用刑事诉讼法的解释对证人出庭范围、鉴定人出庭范围、证人保护和作证补助等问题作了具体规定;设"非法证据排除"专节,明确规定申请排除非法证据的程序,以及取证合法性的审查、调查程序等。2013年,最高人民法院发布《关于建立健全防范刑事冤假错案工作机制的意见》,规定:定罪证据不足的案件,应当宣告被告人无罪;采取刑讯逼供等非法方法收集的供述、未在规定的办案场所讯问取得的供述、未依法对讯问进行全程录音录像取得的供述以及不能排除以非法方法取得的供述,都应当予以排除。2012—2015年,各级人民法院依法宣判3369名被告人无罪。

犯罪嫌疑人、被告人的辩护权得到保障。2013年,最高人民法院、最高人民检察院、公安部、司法部联合发布《关于刑事诉讼法律援助工作的规定》,犯罪嫌疑人、被告人因经济困难没有委托辩护人的,可以申请法律援助;特定案件犯罪嫌疑人、被告人没有委托辩护人的,公安机关、人民检察院、人民法院应当通知法律援助机构指派律师为其提供辩护。

律师执业权利得到保障。2015年,最高人民法院、最高人民检察院、公安部、国家安全部、司法部联合发布了

《关于依法保障律师执业权利的规定》,进一步明确细化了律师的知情权、申请权、申诉权,以及会见、阅卷、收集证据和发问、质证、辩论辩护等方面的权利,提出了便利律师参与诉讼的措施,完善了律师执业权利保障的救济机制和责任追究机制,明确提出律师因依法执业受到侮辱、诽谤、报复人身伤害的,有关机关应当及时制止并依法处理,必要时对律师采取保护措施。

实行全程同步录音录像制度。2012—2015年,全国已实现3512个人民法院网络全连通、数据全覆盖、业务全开通;建成1.8万多个科技法庭,实现重要案件"每庭必录";建成2160套远程讯问系统,实现上下级法院间或法院和看守所间的远程讯问。检察机关明确职务犯罪案件办案人员实施选择性录音录像、为规避监督而故意关闭录音录像系统等行为应承担相应责任。各地公安机关办案区讯问室和看守所讯问室普遍安装了录音录像设施,依法开展讯问犯罪嫌疑人录音录像工作。

死刑适用更加严格。2015年8月,刑法修正案(九)取消了9个罪名的死刑,适用死刑的罪名由原有的55个减少至46个。2012年,最高人民检察院成立了死刑复核检察厅,严格死刑复核法律监督程序。2012年以来,最高人民法院共发布 56 个指导性案例,其中 3 个案例涉及适用死刑的犯罪情节。死刑二审案件已实现全部开庭审理。办理死刑复核案件更加注重听取辩护律师意见。高级人民法院复核死刑案件,被告人没有委托辩护人的,应当通知法律援助机构指派律师为其提供辩护。

自 2014 年 1 月 1 日起,全国法院正式实施量刑规范化工作。自 2015 年 5 月 1 日起,人民法院实行立案登记制。

修改民事诉讼法和行政诉讼法。建立小额诉讼制度、公益诉讼制度,完善了证据制度、裁判文书公开制度和审判监督程序等。增加规定了小额诉讼程序转为普通程序、举证责任分配原则等内容。规定被诉行政机关负责人出庭应诉制度。行政诉讼案件的审理程序和证据规则进一步完善,受到违法行政行为侵害的个人和组织获得司法救济权利的保障得到加强。

国家赔偿制度得到有效落实。2012—2015 年,各级人民法院共审结国家赔偿案件 1.23 万件。2015 年,最高人民法院、最高人民检察院联合发布《关于办理刑事赔偿案件适用法律若干问题的解释》,规范了终止追究刑事责任的情形,进一步解决了实践中因刑事案件久拖不决公民无法申请国家赔偿的问题。

（四）宗教信仰自由

宗教信仰自由得到全面保障。根据宪法法律保护公民的宗教信仰自由，公民有信仰宗教的自由，也有不信仰宗教的自由，平等保护信教公民和不信教公民的合法权益。依法保障信教公民正常宗教需求，尊重信教公民的习俗。

正常宗教活动依法得到保护。国家宗教事务局颁布了《宗教院校教师资格认定和职称评审聘任办法（试行）》《宗教院校学位授予办法（试行）》，进一步保护宗教院校教师、学生的合法权益，推进宗教院校管理规范化。2012—2015年，取消和调整12项宗教事务方面的行政审批项目。

穆斯林群众朝觐活动保障工作不断完善。国务院建立伊斯兰教朝觐工作部际联席会议制度。朝觐群众住房、餐饮、交通等保障水平进一步提高，体检接种、境外医疗防疫和安保工作不断完善。

宗教活动场所和院校建设得到支持。2011—2015年，支持西藏宗教活动场所设施改扩建项目总投资2亿元。截至2015年年底，玉树灾后宗教活动场所重建范围所涉及的5县17个乡镇的87座受损寺庙全部完成重建。西藏佛学院建设取得新突破，累计培训僧尼近2000人，设立尼姑部和多座分院。甘肃、青海藏语系佛学院,四川藏语佛学院新校区也即将竣工投入使用。2012—2015年,国家累计投入近1500万元,支持和帮助伊斯兰教界修缮保护重点清真寺和有文物保护价值的宗教活动场所。中国伊斯兰教经学院改扩建项目已经实施完毕。2012年,投资5.13亿元用于中国佛学院新校舍建设。

社会保障体系对宗教教职人员实现全覆盖。截至2013年年底,根据自愿原则,宗教教职人员医疗保险参保率达到96.5%,养老保险参保率达到89.62%,符合条件的教职人员全部纳入了低保和五保供养保障范围。

中国宗教界已与80余个国家的宗教组织建立友好关系,开展交流活动。

(五)知情权

政府信息公开进一步推进。国务院实施《政府信息公开条例》。重点推进行政审批、财政预决算、保障性住房、食品药品安全、征地拆迁等领域的信息公开。2013年启动"美丽中国——中国政务信息无障碍公益行动",126个政府单位政务网站完成了无障碍改造。全面推进政府办事公开制度,依法公开服务范围及工作人员岗位职责,告知办事项目有关信息。

修改完善《审计署政府信息公开工作规定》。2015年，审计署政务微信上线运行，中国审计报数字APP、中国审计数字出版网上线。2012—2015年，审计署发布124期审计结果公告，召开新闻发布会50次，接受媒体专访220余次，通过网络直播发布活动或组织在线访谈30余次。

2012—2015年，国务院新闻办公室围绕党和国家重要会议、重大决策和重点工作，组织新闻发布会322场；党中央、国务院以及地方党委、政府共组织新闻发布会、吹风会9300余场。

司法公开继续深化。最高人民法院建立审判流程公开、裁判文书公开、执行信息公开三大平台。截至2015年年底，共发布裁判文书1448万份，被执行人信息3434.7万条。中国法院庭审直播网2015年共视频直播庭审3795次。截至2015年，人民检察院案件信息公开系统共发布案件程序性信息254万余件、重要案件信息102万余条、生效法律文书76万余份。公安部出台规定，要求依法向社会公众和特定对象公开执法的依据、流程进展、结果等信息。各地公安机关通过建立网上公安局、网上警务室、微博等方式，方便群众办事、查询和监督。

厂务、村务公开制度进一步落实。截至 2015 年 9 月，全国已建立工会的企事业单位中有 493.1 万家单独建立厂务公开制度，有 410.6 万家非公有制企业单独建立厂务公开制度，建制率达 93%，远远超过 80% 的计划预期目标。全国 90% 以上的县（市、区）编制了统一的村务公开目录，91% 的村建立了村务公开机制，92% 的村建立了村务监督委员会或其他形式的村务监督机构。

（六）参与权

根据 2010 年修改的选举法的有关规定，在 2011 年至 2013 年进行的各级人大代表选举中，城乡按相同人口比例选举的原则首次正式全面实行，体现了人人平等、地区平等和民族平等。

拓宽公众参与立法的渠道。2015 年修改立法法，拓宽公民有序参与立法途径，开展立法协商，完善立法论证、听证、法律草案公开征求意见等制度。2013 年 3 月至 2015 年 12 月，共有 140753 人次对相关法律草案提出 34 万余条意见。每次草案公布征求意见结束之后，全国人大常委会均整理汇总对法律草案的意见并及时将重要法律草案的意见向社会作出反馈。2012—2015 年，通过"中国政府法制信息网"公开征求意见的法律、行政法规 64 部，提出意见 28.3 万余条；公开征求意见的部门规章 465 部，提出意见 8.9 万余条。在广泛征求各方面意见基础上，2016 年 3 月，全国人大审议通过慈善法，保护慈善活动参与者的合法权益。

民主党派和无党派人士在政协各种会议上发表意见、提出提案、反映社情民意信息的权利得到尊重和保障。2012—2015 年，各民主党派和全国工商联共提出提案 1461 件，提交社情民意信息 11998 条。

人民团体和社会组织积极参与公共治理。工会参与《劳动保障监察条例》修改研究工作。2012 年以来，各级工会履行劳动法律监督职责，推动各级工会组织开展重大劳动违法典型案件公开曝光工作。2015 年，全国共有工会劳动法律监督组织近 96 万个，监督员总人数接近 213 万。共青团、妇联等人民团体通过多种渠道反映诉求。

工会组织和职工代表大会制度不断完善。中华全国总工会发布《关于新形势下加强基层工会建设的意见》《基层组织建设工作规划（2014—2018 年）》，扩大工会组织有效覆盖。截至 2015 年 9 月底，全国新发展进城务工人员会员约 1300 万人。有关部门制定《国有文化企事业单位职工代表大会实施办法(暂行)》。截至 2015 年 9 月底,全国已建工会的企事业单位有 505.9 万家单独建立职工代表大会制度,区域(行业)职工代表大会覆盖企业 187.3 万家,420.7万家非公有制企业单独建立职工代表大会制度,建制率为94.6%,超过 80%的计划预期目标。

基层群众自治制度更加健全。民政部制定《村民委员会选举规程》,98%以上的村委会依法实行直接选举。落实村(居)民会议、村(居)民代表会议、村(居)民议事会等制度,保障群众参与基层公共事务管理和决策。有关部门制定《关于加强城乡社区协商的意见》,健全基层民主协商机制。

社会组织成为人民群众参与社会治理和公共服务的重要渠道。社会组织结构不断优化、质量稳步提高。截至2015 年年底,全国依法登记社会组织约 66 万个,比 2012 年同期增长了 32.3%,全国各类社会组织收入约 2600 亿元,吸纳社会各类人员就业约 850 万人,各类社会组织接受捐款约 900 亿元。探索开展行业协会商会类、科技类、公益慈善类、城乡社区服务类社会组织直接登记。启动行业协会商会与行政机关的脱钩。充分发挥慈善类社会组织在扶贫济困救灾和应对各种突发事件中的优势和作用。积极培育发展非营利性民办学校、民办医院、民办养老机构等社会服务机构,满足人民群众日益增长的多样化公共服务需求。推动政府向社会组织转移职能和购买服务。探索社会组织特别是城乡基层社会组织开展协商。

(七)表达权

推进协商民主建设。2013 年以来,全国政协创建"双周协商座谈会",以专题为内容、以界别为纽带、以专门委员会为依托、以座谈为方法,每年召开 20 次左右。开展专题协商、界别协商、对口协商、提案办理协商。

互联网信息平台丰富公民表达渠道。截至 2015 年年底,中国网民规模达到 6.88 亿,互联网普及率为 50.3%。网民通过网络新闻评论、论坛、博客、微博、微信等互联网平台发表言论,对各级政府的工作提出批评和建议,对公务人员的行为进行监督。

信访渠道不断拓宽。优化公民来信来访等诉求表达传统渠道。畅通领导信箱、短信投诉、视频接访,建立人民建议征集制度。国家信访信息系统运行机制完善,受理办理过程全公开,接受公民评价和社会监督。全国所有省份和 30 个部委已经实现互联互通,网上信访逐步成为公民表达诉求的主渠道。

企事业单位职工表达权得到保障。有关部门联合制定《企业民主管理规定》,企业劳动规章制度的制定修改、企业经营管理活动的重大决策和涉及职工切身利益的重要事项必须提交职工代表大会讨论审议。在职工代表大会闭会期间,通过职工代表团组长联席会议、职工民主管理委员会、劳资恳谈会等形式及时反映职工诉求。

国家新闻出版广电总局贯彻落实《新闻记者证管理办法》《报刊记者站管理办法》,保障新闻媒体及分支机构、新闻记者的合法采访权、舆论监督权。

(八)监督权

全国人大及其常委会监督力度不断加强。2015年修改立法法,加强对法规、规章和规范性文件的备案审查制度,明确规定主动审查、向审查申请人反馈及向社会公开制度。2012—2015年,全国人大常委会开展12次专题询问和15项专题调研,检查了17项法律实施情况。2014年全国人大常委会办公厅制定《关于改进完善专题询问工作的若干意见》,将涉及改革难度大、存在问题多、社会关注度高、关系群众切身利益的报告议案确定为专题询问的选题,执法检查、听取报告、专题询问三种监督形式有机结合。2015年全国人大常委会检查职业教育法、消费者权益保护法、水污染防治法等6部法律的实施情况。

人民政协积极探索和完善民主监督机制。2015年,专门围绕腾格里沙漠污染治理、投资审批制度改革等重大问题开展多项监督性调研议政,就决策执行中的问题提出批评和建议。

对法规、规章和规范性文件的监督力度加大。截至2015年年底,相关部门已明令废止35部,全面修改24部,部分条款修改的182部法规规章。2012年6月至2014年6月,处理了存在违法设定和实施行政许可、行政强制、行政处罚等问题的81部法规规章。特别对国务院取消和下放行政审批项目涉及的部门规章进行了集中审查和督促修改。

行政问责、行政复议、行政诉讼制度进一步完善。2012—2014年,各级行政复议机关共受理行政复议申请约34万件,审结32万余件,占受理案件总数的94%。最高人民法院下发《关于人民法院跨行政区域集中管辖行政案件的指导意见》,推进相关机制改革。截至2015年年底,已设立北京市第四中级人民法院、上海市第三中级人民法院等跨行政区划人民法院。

社会监督不断加强。最高人民检察院、司法部印发《深化人民监督员制度改革方案》。截至2015年年底，全国共有人民监督员1.5万多人，聘任特约检察员3786人。人民监督员监督检察机关查办职务犯罪案件中"拟撤销案件"和"拟不起诉案件"共7974件，其中，对212件案件提出不同意检察机关拟处理决定的意见，对检察机关查办职务犯罪工作中一些情形提出监督纠正意见992件，对检察工作和队伍建设提出建议156条。充分发挥互联网监督作用，近年来，中央纪检监察机构和最高人民法院、最高人民检察院等开设了举报网站，一大批通过互联网反映出来的问题得到了解决，为预防和惩治贪污腐败发挥了重要作用。

四、少数民族、妇女、儿童、老年人和残疾人的权利

2012—2015 年,少数民族、妇女、儿童、老年人和残疾人权利得到有力保障,基本实现计划预期目标。

(一)少数民族权利

少数民族平等参与管理国家和社会事务的权利得到依法保障。55 个少数民族均有本民族的全国人大代表。人口超过 100 万的少数民族都有本民族的全国人大常委会委员;在 155 个民族自治地方的人民代表大会常委会中,均有实行区域自治民族的公民担任主任或者副主任。自治区主席、自治州州长、自治县县长,均由实行区域自治民族的公民担任。少数民族公务员占全国公务员总数的比例已超过少数民族人口占全国总人口比例。

少数民族人才培养稳步推进。2012 年以来,国家有关部门共选派西部地区和其他民族地区 2100 多名干部,到中央

国家机关和经济相对发达地区挂职锻炼。国家实施"西部之光""少数民族科技骨干特殊培养计划"等重大人才培养政策与项目,为西藏、新疆等西部地区培养专业技术人才3000多人。免费为民族地区定向培养拟从事全科医疗的本科医学生,中央财政按照每生每年(5年制本科)6000元标准予以补助。2013年以来,开展了民族地区农村卫生人员重点业务培训、县级医院骨干医师培训、全科医生转岗培训等项目。

少数民族的经济发展权利得到保障。2012—2015年,中央财政安排少数民族发展资金148.24亿元,专项支持推进兴边富民行动、扶持人口较少民族发展以及开展少数民族特色村寨和少数民族传统手工艺品的保护与发展。国家安排中央预算内投资58亿元,用于帮助边境地区和人口较少民族聚居区的基础设施、群众生产生活条件改善和社会事业发展。2015年,内蒙古、广西、西藏、宁夏、新疆5个自治区和贵州、云南、青海3个省的贫困人口从2012年的3121万下降到1813万。2012—2015年,民族八省区国内生产总值从58505亿元增加到74736亿元;民族地区城镇常住居民人均可支配收入从20542元增加到26901元。

民族教育发展加快。对人口较少民族的农村义务教育阶段寄宿生按每人每年250元的标准予以生活费补助。对西藏自治区农牧民子女实行"包吃、包住、包学习费用"政策,并稳步提高经费标准,目前达到每年生均3000元。每年另行安排2000万元义务教育助学金,专项用于补助西藏自治区寄宿制贫困学生生活费。开展民族地区教育基础薄弱县普通高中建设项目,2012—2015年,共安排中央预算内投资70亿元,支持民族地区318所普通高中建设。继续实行对少数民族考生予以照顾的倾斜政策,2012—2015年,国家民委直属高校共安排本科招生计划12.4万多名,其中民族八省区4.6万多名,中央部门高校和地方高校安排少数民族预科招生计划18.5万多名。2012—2015年,少数民族高层次骨干人才计划共招收培养1.6万名硕士研究生,4000名博士研究生。

双语教育稳步推进。2015年,从学前到普通高中,实施双语教育的学校有1.2万余所,双语教师22.54万人,接受双语教育的学生349.12万人。每年出版民族文字的中小学教材3500余种、1亿余册。

民族地区教育条件进一步改善。2012—2015年,中央财政投入10.25亿元,支持5个民族自治区"国培计划"中西部项目和幼师国培项目,共培训中小学幼儿园教师87万余人次。教育部直属师范大学师范生免费教育为民族地区输送教师 4.2 万人;"农村学校教育硕士师资培养计划"为民族地区输送农村教师 4364 人。2011—2015 年,实施教育援疆项目 528 个,投入资金 108 亿元,培训教师 13 万人次,选派支教教师 5300 人。截至 2015 年,各类教育援藏项目达 405 个,援助资金 9.38 亿元,培训人员 6829 人次,人员援助 3585 人次。各类教育支援青海项目 134 个,援助资金 6.7 亿元。

少数民族文化得到保护。截至 2015 年年底,布达拉宫等 9 项分布在民族地区的自然、文化遗产被列入《世界文化遗产名录》。新疆维吾尔木卡姆艺术等 14 项和羌年等 4 项少数民族项目分别入选联合国教科文组织《人类非物质文化遗产代表作名录》《急需保护的非物质文化遗产名录》,在民族地区建成 10 个文化生态保护实验区。在已经公布的四批国家级非物质文化遗产代表性项目名录和四批国家级非物质文化遗产代表性项目代表性传承人名单中,全国共有 479 项少数民族非物质文化遗产代表性项目、524 名非物质文化遗产代表性项目传承人入选。全国少数民族古籍解题书目套书《中国少数民族古籍总目提要》于 2014 年全部出版。

少数民族语言文字得到保护和发展。推进少数民族语言文字的规范化、标准化和信息处理。立项研制了蒙古、藏、维吾尔、哈萨克、彝等少数民族人名汉字音译转写规范。

开展现代蒙古语常用词词表、藏文拉丁转写标准、现代维吾尔文学语言正字正音标准等研制工作。建设中国少数民族濒危语言数据库。设立并实施"中国语言资源保护工程"。截至 2015 年年底,有 54 个少数民族使用 80 余种本民族语言,21 个少数民族使用 29 种本民族文字。全国有近 200 个广播电台(站),使用 25 种少数民族语言播音,出版民族文字图书的各类出版社有 32 家。全国已建成 11 个少数民族语言电影译制中心,可进行 17 个少数民族语种、37 种少数民族方言的译制,2012—2015 年共完成 3000 余部(次)电影的少数民族语言译制。

(二)妇女权利

	比例	说　　明
十二届全国人大女性代表比例	23.4%	比上届提高 2.07 个百分点
2011—2013 年换届的新一届省级人大代表女性比例	24.76%	
十二届全国人大常委会女性常务委员占常委总数	15.5%	25 人
十二届全国政协女性委员占委员总数	17.84%	399 人
新一届省级政协女性委员	22.22%	比上届提高 0.91 个百分点

表1:各级人大、政协的女性比例

妇女享有平等参与国家和社会事务管理的机会。十二届全国人大女性代表比例比上届提高 2.07 个百分点,达到

23.4%;十二届全国人大常委会现有女性委员 25 人,占委员总数的 15.5%。十二届全国政协有女性委员 399 人,占委员总数的 17.84%。2011—2013 年换届的新一届省级人大代表女性比例达到 24.76%;新一届省级政协委员中女性比例达到 22.22%。2015 年省级政府领导班子配备女性干部比例比 2012 年有明显提升。2014 年,在企业董事会、监事会中,女职工董事、监事占职工董事和监事的比例分别为 40.1%和 41.5%。

妇女享有平等的就业权利。实施机关事业单位处级干部和高级职称专业技术人员男女同龄退休。2014 年,全国女性就业人员占全社会就业人员的比重为 44.8%。实施鼓励妇女就业创业的小额担保贷款财政贴息政策,2009 年以来,向妇女发放创业担保贷款 2607.04 亿元,扶持和带动近千万妇女创业就业。

农村妇女依法享有土地权益基本得到落实。面向基层村委会开展法制宣传培训,加大村规民约备案审查纠正力度。在土地承包经营权确权登记颁证过程中,妇女的土地权益在登记簿和不动产权属证书上得到体现。

妇女健康服务水平持续提高。2012 年 4 月,国务院颁布实施《女职工劳动保护特别规定》,修改完善适用范围、禁忌劳动范围等内容,将法定产假时间延长到 98 天。2015 年,全国女性参加生育保险的人数达到 7712 万人,人均生育待遇支出 16456 元,比 2014 年增加 2000 元。2015 年,1205 万名计划怀孕夫妇获得免费检查,目标人群覆盖率平均达 96.5%。2011—2015 年,农村孕产妇住院分娩项目累计补助近 5000 万人,农村孕产妇住院分娩率从 2010 年的 97.8% 提高到 2015 年的 99.5%。孕产妇死亡率自 2010 年的 30/10 万下降到 2015 年的 20.1/10 万。截至 2015 年年底,有 5195 万名农村妇女接受了宫颈癌免费检查,747 万名农村妇女接受了乳腺癌免费检查。

立法保护妇女免遭家庭暴力伤害。2015 年 12 月 27 日,全国人大常委会通过的反家庭暴力法,专门设立了公安告诫、人身安全保护令和强制报告等制度。最高人民法院、最高人民检察院、公安部、司法部联合发布《关于依法办理家庭暴力犯罪案件的意见》,加强司法对家庭暴力的及时干预。2014—2015 年,最高人民法院先后公布 15 起涉家庭暴力典型案例。一些地方公安机关和人民法院积极探索运用公安告诫和人身安全保护令等手段,有效防范和及时制止家庭暴力。

反对拐卖妇女犯罪行为取得新进展。国务院办公厅印发《中国反对拐卖人口行动计划(2013—2020 年)》,加大对拐卖人口犯罪的整治力度。2014—2015年,公安机关共破获拐卖妇女案件2412起。开展跨国打击拐卖妇女犯罪行为,促进湄公河次区域六国反拐合作进程。

(三)儿童权利

儿童健康权利得到有效保障。婴儿死亡率由2010年的13.1‰下降到2015年的8.1‰,五岁以下儿童死亡率为10.7‰,比2010年下降5.7‰。2014年,儿童低体重发生率为2.64%,5岁以下儿童低体重率为1.49%,提前完成计划预期目标。儿童免疫规划疫苗接种率达到97%以上,2014年平均接种率继续保持在99%以上。

农村义务教育学生营养改善计划稳步推进。截至2015年10月底,全国22个省(区、市)的699个集中连片特困县开展学生营养改善计划国家试点,2115.16万学生受益,23个省的673个县开展地方试点,1090.78万学生受益。

校车和校园安全状况持续改善。2012年以来,国务院制定了《校车安全管理条例》,教育部制定了《义务教育学校管理标准(试行)》等一系列规范性文件。截至2015年年底,全国已建立37个安全教育实验区,覆盖12.8万所学校和 5200 万学生。

留守儿童得到关爱。中央财政支持实施"农村留守儿童社区关爱服务试点项目",20 多万留守儿童受益。2014 年以来,筹集社会爱心资金 6700 万元,在全国捐建 670 个"儿童快乐家园"。开展代理家长、结对帮扶、困境儿童救助等关爱活动,受益人数达 1312.9 万人次。

女童权利得到进一步保护。刑法修正案(九)取消嫖宿幼女罪,完善对幼女免于性侵害的保护制度。国家持续开展打击和查处非医学需要的胎儿性别鉴定和选择性别人工终止妊娠行为的专项行动。2015 年,全国出生人口性别比下降到 113.5,实现自 2009 年以来的七连降。

儿童保护和救助工作进一步加强。截至 2015 年年底,全国有儿童福利机构 1605 个,独立的未成年人救助保护机构 407 个,比 2012 年同期显著增长。2015 年,被家庭收养的孤残儿童人数为 2.3 万人,占孤残儿童总数的 4.4%,全国救助机构共救助儿童 14.97 万人次。确保不让受艾滋病影响的儿童因家庭困难上不起学或辍学,注意保护受艾滋病影响的学生的隐私,保护他们不受任何形式的歧视。刑法修正案(九)加大了对拐卖妇女儿童犯罪收买方的刑事处罚力度,收买被拐妇女儿童的行为一律追究刑事责任。

截至 2015 年年底，全国打拐 DNA 数据库已为 4000 多名失踪儿童找到亲生父母。2014—2015 年，全国共破获拐卖儿童案件 2216 起。最高人民法院、最高人民检察院等有关部门先后下发《关于依法惩治性侵害未成年人犯罪的意见》《关于依法处理监护人侵害未成年人权益行为若干问题的意见》，加强对儿童的司法保护。贯彻落实《禁止使用童工规定》，在劳动领域维护儿童权益工作进一步加强。

（四）老年人权利

社会养老保障体系逐步健全。23 个省（区、市）建立了高龄津贴制度，20 个省（区、市）建立了经济困难老年人养老服务补贴制度，8 个省（区、市）建立了失能老年人护理补贴制度，20 个省（区、市）实施了老年人意外伤害保险制度。

	总数	比 2012 年增长
全国养老机构和设施	11.5 万个	151%
全国养老床位	671.7 万张	60.9%
每千名老人拥有床位数	30.3 张	40.5%
老年人城市日间照料服务中心覆盖率	50%	无
老年人农村日间照料服务中心覆盖率	>30%	无

表 2：截至 2015 年年底全国养老服务基本情况

社会养老服务体系快速发展。截至 2015 年年底，全国共有养老机构和设施 11.5 万个，比 2012 年增长 151%；居家养老服务设施已基本覆盖城镇社区和 50% 以上的农村社区。全国养老床位 671.7 万张，每千名老人拥有床位 30.3 张，比 2012 年分别增加了 60.9% 和 40.5%，远超计划预期目标。

老年人文化生活更加丰富。截至 2015 年年底，全国共有老年学校 7.63 万个；建有 180 个国家级、500 余个省级社区教育实验区、示范区，老年人占参与社区教育总人数的 60% 以上；有老年类报纸 24 种，老年类期刊 24 种。通过全国文化信息资源共享工程、国家数字文化网和"中国文化网络电视"等多种渠道提供各类适合老年人的数字文化资源。

（五）残疾人权利

残疾人权益保障制度不断完善。2012 年 8 月以来，国务院先后颁布《无障碍环境建设条例》《关于加快推进残疾人小康进程的意见》。最高人民检察院、中国残疾人联合会印发《关于在检察工作中切实维护残疾人合法权益的意见》。建立健全残疾人法律救助制度，为残疾人提供免费、及时、便利的法律服务。

残疾人获得社会保障。截至 2015 年,全国建立了困难残疾人生活补贴制度和重度残疾人护理补贴制度。1088.4 万城乡残疾人纳入最低生活保障范围,近 2230 万残疾人参加城乡居民社会养老保险,302.3 万残疾人参加城镇居民基本医疗保险。2012—2015 年,496.2 万农村贫困残疾人脱贫,317 万农村贫困残疾人得到实用技术培训,提前完成计划预期目标。中央安排 37.4 亿元康复扶贫贴息贷款,扶持 74.3 万贫困残疾人。国家补助完成 116.4 万户农村贫困残疾人危房改造。

残疾人康复服务持续推进。截至 2015 年年底,全国已建社区康复站的社区总数 22.2 万个,2012—2015 年,854.4 万残疾人接受社区康复服务。1246.6 万残疾人得到基本康复服务,提前完成计划预期目标。2011—2015 年,中央财政投入经费 4.32 亿元,为 3.6 万名贫困孤独症儿童提供康复训练补助。覆盖城乡的辅助器具服务网络逐步完善,累计提供各类辅助器具 665.5 万件。

残疾人教育、就业和文化权利得到进一步保障。实施《特殊教育提升计划(2014—2016 年)》,全面提升特殊教育普及水平、保障能力和教育教学质量。2015 年,全国共有特殊教育学校 2053 所,在校生 44.22 万人,专任教师 5.03

万人。2012—2015 年,中央财政共下达特殊教育补助资金 9.25 亿元。实施"特殊教育学校建设(二期)工程",安排专项资金 24.42 亿元,共支持 61 所残疾人中高职院校和高等特殊师范院校基础设施建设。有关部门于 2015 年印发《残疾人参加普通高等学校招生全国统一考试管理规定(暂行)》,保障残疾人的平等受教育权;积极推进《残疾人教育条例》修订工作,加强法律保障。2012 年印发《关于加强残疾人职业培训促进就业工作的通知》,保证有就业愿望的残疾人都获得相应的职业培训。自 2014 年开始,党政机关、事业单位、国有企业等单位招录残疾高校毕业生得到政策性保障。在各级公共图书馆建立盲人阅览室,截至 2015 年年底,盲文图书新增藏量 48.6 万册,盲人阅览室坐席数 2.1 万个。盲文出版物出版规模大幅提升。2011—2015 年,共出版盲文教材 476 个品种,69.2 万册;盲文图书 5526 个品种,133.19 万册;低视力大字版图书 1138 个品种,112.34 万册;盲人有声读物 2400 个品种,16000 小时,提前并超额完成计划预期目标。优秀盲文出版项目纳入国家出版规划,国家出版基金对符合条件的予以支持。

无障碍建设与改造加速推进。有关部门修改实施《残疾人航空运输管理办法》《无障碍设计规范》,印发《关于加强村镇无障碍环境建设的指导意见》,制定实施《网站设计无障碍技术要求》。在所有列车设置残疾人专座,允许导盲犬乘坐火车。在城市道路、建筑物公共停车场增设无障碍停车位,在人行道交通信号设施安装盲人过街音响信号装置。国家补助 57.3 万户贫困残疾人家庭进行无障碍改造。

五、人权教育

2012—2015 年,国家大力传播人权理念,普及人权知识,开展人权教育,努力提升全社会尊重和保障人权意识。

国务院新闻办公室与 8 家人权教育和培训基地共举办了 144 期人权知识培训班,对各级党政干部、司法系统干警和媒体从业人员进行人权知识培训;各级行政学院普遍把人权纳入教学内容,对各级领导干部进行人权知识教育。

2012 年开始,各中小学根据新修订的义务教育各学科课程标准,结合学生年龄特点,在课程教材中融入人身权利、受教育权利、经济权利等学习内容,让学生了解公民依法享有的基本权利和应承担的义务,增强学生的权利意识。

高等院校根据《行动计划》的要求,加强人权相关专业建设,在法学等专业本科人才培养方案中增加人权相关课程,编写人权教材,加快人权方面的特色人才培养。自主开设《人权概论》通识课,《人权法学》《国际人权法学》《人权法专题》等公选课程,人权教育课程得到充实。招收培养人权法学、人权政治学、人权哲学等研究方向的硕士、博士研究生。设置人权研究方向博士后科研流动站。中国政法大学、西南政法大学自主设置了人权法学二级学科。

电视台、广播电台、报刊、网络媒体等以播发消息、评论、连线、解读、访谈、微博、微信互动等多种形式，积极传播人权知识，依法保障人权观念深入人心，形成了国家尊重和保障人权、公民尊法守法的良好社会环境。

2014年4月，中国人民大学人权研究中心、复旦大学人权研究中心、山东大学人权研究中心、武汉大学人权研究院和西南政法大学人权教育与研究中心新增为国家人权教育和培训基地，提前完成计划预期目标。

中国人权研究会、中国人权发展基金会、国家人权教育与培训基地开展人权理论研究。编辑出版《中国人权在行动》《中国人权事业发展报告》等人权书籍。搭建人权学术交流平台，编辑出版《人权》《人权研究》《中国人权评论》《残障权利研究》等学术刊物。编写《人权知识读本丛书》等人权培训教材，面向社会大众普及人权知识。举办或参与国际学术会议，大力开展与国内外同行的学术交流。

六、国际人权条约义务的履行和
国际人权交流与合作

2012—2015 年,中国继续认真履行已加入的国际人权条约,开展国际人权交流与合作,推动国际人权事业健康发展。

(一)履行国际人权条约义务

2012 年 9 月,参加联合国残疾人权利委员会审议中国执行《残疾人权利公约》首次报告的对话会,以翔实的数据充分介绍中国残疾人事业成就,对委员会提出的问题作了全面回答。

2013 年 9 月,参加联合国儿童权利委员会审议中国执行《儿童权利公约》第三、第四次合并报告和执行《儿童权利公约关于儿童卷入武装冲突问题的任择议定书》首次报告的对话会,介绍了中国执行公约的具体情况,对委员会提出的问题作了认真、全面的回答。

2013 年 6 月,向联合国禁止酷刑委员会提交中国执行《禁止酷刑和其他残忍、不人道或有辱人格的待遇或处罚公约》(以下简称"《禁止酷刑公约》")第六次报告。2015年11月,参加联合国禁止酷刑委员会审议中国执行《禁止酷刑公约》第六次报告的对话会,全面介绍了中国执行公约情况,并对委员会提出的问题作了全面回答。

2014年5月,参加联合国经济、社会和文化权利委员会审议中国执行《经济、社会和文化权利国际公约》第二次报告的对话会,全面介绍中国在保障经济、社会和文化权利领域取得的成就,回答委员会提出的问题。

2014年10月,参加联合国消除对妇女歧视委员会审议中国执行《消除对妇女一切形式歧视公约》第七、第八次合并报告的对话会,介绍中国在性别平等和妇女发展方面取得的成就,并对委员会提出的问题作了全面和细致的回答。

(二)开展国际人权交流与合作

2013年10月,顺利接受联合国人权理事会第二轮国别人权审查,全面介绍中国人权事业发展、面临挑战和努力目标。中国认真研究各国提出的建议,本着开放、认真的态度予以积极回应,接受204条建议,占建议总数的81%,受到各方一致好评。2014年3月,联合国人权理事会核可中国接受审查的报告。

参加第67届至第70届联合国大会第三委员会会议、

联合国人权理事会第 20 次至第 30 次会议、联合国非政府组织委员会年度届会和续会等多边人权会议,积极宣示中国人权政策主张,反对将人权问题政治化和采取双重标准,为发展中国家仗义执言。推动联合国人权机制同等重视经济、社会和文化权利与公民权利和政治权利,以公正、客观和非选择性方式开展工作。2013 年 11 月,高票当选2014—2016 年联合国人权理事会成员。2014 年 4 月,顺利连任联合国非政府组织委员会成员。

2012 年 2 月,与观点相近国家共同推动联大通过人权条约机构改革决议,启动人权条约机构改革联大进程。2014 年 4 月,联大以协商一致方式通过人权条约机构改革方案,从加强条约机构有效运作的角度达成诸多共识,较为均衡地反映各方关切。

继续与联合国人权机制开展合作,认真及时答复人权理事会特别机制来函,并在人权理事会与特别机制进行建设性互动对话。分别于 2013 年 12 月、2015 年 6 月接待人权理事会在法律与实践中消除对妇女歧视问题工作组、外债对人权影响问题独立专家访华。

继续在平等和相互尊重基础上与有关国家开展人权对话与交流。2012 年 6 月以来,与美国、欧盟、英国、德国、澳大利亚、瑞士等举行 20 余次人权对话，与美国举行法律专家交流，与澳大利亚开展人权技术合作，两次接待欧盟人权事务特别代表访华。与俄罗斯、巴西、巴基斯坦、古巴、白俄罗斯、老挝、斯里兰卡等开展 10 余次人权磋商与交流。2014 年和 2015 年，国务院新闻办公室两次派出人权交流团访问美国、加拿大、巴西、墨西哥，开展人权交流与合作。

2015 年 9 月，中国同联合国妇女署联合举办全球妇女峰会，80 多位国家领导人出席会议，就妇女领域有关问题发表看法，并就促进男女平等、提升妇女地位作出重要承诺。中国还建设性参与联合国社会发展委员会、联大残疾与发展问题高级别会议等多边国际会议，积极参与残疾人问题的讨论与决议磋商。2012 年以来，中国先后参与第 12 次至第 15 次亚欧非正式人权研讨会等区域、次区域人权交流活动，与亚欧 40 余个国家进行互动交流。

2012—2015 年，中国民间组织国际交流促进会等中国非政府组织派团出席联合国人权理事会第 19 次至第 30 次会议。中国人权研究会和中国人权发展基金会联合主办了 4 届"北京人权论坛"，每届都有来自世界 30 余个国家和地区的人权高级官员、专家学者和相关机构负责人参加会议。